EDUARDO CASALINS

CAFÉ

UNA HISTORIA DE SABOR Y AROMAS

BLENDS & RECETAS

Lea

**Café: Una historia de sabor y aromas,
blends & recetas**
es editado por
EDICIONES LEA S.A.
Av. Dorrego 330 C1414CJQ
Ciudad de Buenos Aires, Argentina.
E-mail: info@edicioneslea.com
Web: www.edicioneslea.com

ISBN 978-987-718-479-2

Primera edición. Impreso en Argentina.
Febrero de 2017. Pausa Impresores.

Casalins, Eduardo
   Café, una historia de sabor y aromas : Blends & recetas / Eduardo Casalins. - 1a ed . - Ciudad Autónoma de Buenos Aires : Ediciones Lea, 2017.
   72 p. ; 16 x 17 cm. - (Nueva cocina ; 20)

   ISBN 978-987-718-479-2

   1. Café. 2. Cafés. 3. Libro de Recetas. I. Título.
   CDD 641.26

De México: suavemente ácido y aroma delicado. Los más famosos son los de Chiapas y Oaxaca.

De Perú: sabor dulce y delicado. Las principales variedades son las de Cuzco y Ayacucho.

Cafés árabes

El más famosos es el moka, que se produce en Yemen. Alta calidad y sabor frutado.

Cafés africanos

De Tanzania: aroma pronunciado con bastante acidez.

De Kenia: parecidos a los de Tanzania.

De Etiopía: menos aroma y acidez que los anteriores.

Cafés asiáticos

De India: mínima acidez, ideal para mezclas.

De Java: parecido al de Jamaica.

De Sumatra: algo ácido y de muy buena calidad.

De la isla de Célebes: muy fuerte y ácido.

Café polinesio

De Hawai: aroma intenso y complejo con bastante acidez.

El café exprés o expreso

Es la técnica más famosa en el mundo para preparar un café. Para llevarla a cabo es indispensable una cafetera exprés, un invento italiano que revolucionó el modo de elaborarlo y presentarlo. Las cafeterías de ese país patentaron la nueva modalidad, con sus máquinas de vapor profesionales. Actualmente hay una gran variedad de cafeteras exprés para uso doméstico. Se trata de hacerlo a presión después de haber molido los granos en un molinillo y haber colocado 7 g de café en el filtro, luego un chorro de agua muy caliente, unos 15 ml, pasa por él por unos 25 segundos y extrae todo su sabor y aroma. Se obtiene una infusión de sabor pronunciado y espumosa. La temperatura ideal para beberlo es de unos 65°. Del que estamos hablando es del café exprés clásico o tradicional, pero hay otras variantes:

- **Café expreso doble:** mismo procedimiento que el anterior pero se colocan, aproximadamente, 14 gramos de café recién molido en el filtro y se pasa el agua caliente, también 15 ml, entre 20 y 25 segundos. Ya que se pasa la misma cantidad de agua por el doble de café, se obtiene uno más concentrado.

- **Ristretto:** famoso en toda Italia, se toma a toda hora y es infaltable después del almuerzo y la cena. Se obtiene a partir de 7 gramos de café molido en un tiempo entre 15 y 20 segundos, con menor cantidad de agua (la mitad del

Una historia apasionante

La historia del café es muy antigua, y su origen ha dado pie a muchas polémicas, algunos afirman que fue en Etiopía donde se descubrió el poder energizante de sus granos, aunque se conoce la leyenda o mito del siglo IX sobre un pastor de cabras que en territorio de lo que es hoy Yemen, adivirtió que su animales se volvían inquietos después de comer los granos de una planta hasta ese momento desconocida. Decidió calentar los frutos en un poco de agua y así los probó, pero esa infusión tenía tan mal sabor, que arrojó a la hoguera lo que quedaba en el recipiente. Para su sorpresa, los granos cuando se quemaban tenían un exquisito aroma. Fue así que surgió la idea de preparar la bebida con los granos tostados. Sobre lo que no hay dudas es que de África, el cultivo se diseminó por Medio Oriente, Persia (hoy Irán), Turquía y Marruecos. Fueron los musulmanes quienes llevaron la costumbre de beber la infusión. Así, en 1475 se abrió la primera cafetería en Constantinopla (la actual Estambul). Ya en ese siglo XV, los granos de café se tostaban y molían, para facilitar la preparación. De allí su consumo se extendió a Italia y, luego, al resto de Europa. Serían los europeos los que llevarían el cultivo a América y el sudeste asiático. Hoy no entendemos el mundo sin la existencia del café, preparado de innumerables maneras respondiendo a la diversidad cultural gastronómica de los distintos países.

El café en América

Los conquistadores europeos llevan las primeras plantas de café a varios países de América: los españoles a Colombia, Perú y Ecuador, los portugueses a Brasil. En Centroamérica, el cultivo se extiende a Costa Rica, en el Caribe a Jamaica. La mano de obra esclava es fundamental para que el café se produzca en gran escala, volviendo a Europa donde encuentra un mercado consumidor importantísimo. Tan es así, que en el siglo XVII, la demanda supera ampliamente a la oferta, por lo que se buscan sustitutos para una bebida que ya era imprescindible para muchos. La infusión que se obtenía de la raíz de la achicoria no logró afirmarse en el gusto popular.

Por mucho tiempo, Brasil fue el primer productor mundial pero, paulatinamente, el cultivo de cafés orgánicos creció en países como Colombia y Costa Rica, alterando el gusto de los nuevos consumidores, que se acostumbraron a sabores más sutiles y naturales.

El café en Argentina

Cada habitante de la Argentina consume un kilo de café al año. La tendencia marca que cada vez más se importa café verde, sin tostar ni torrar, en detrimento del café tostado. Los consumidores exigen más calidad y variedad. Y en los últimos año ha crecido la figura del "barista", que no es más que un sommelier del café, es decir, un experto en dilucidar la calidad de los granos, su aroma, su sabor... un experto que recomienda los "blends" o mezcla de granos, un inmenso mundo de nuevas sensaciones que nos regala esta infusión incomparable. ¿Está quedando en el olvido el pocillo de café?, el que se tomaba con los amigos en ese bar que todavía se conserva en el corazón, el que fue la inspiración de tantos tangos y poemas. Hoy son tiempos de grandes cadenas que proponen otros cafés, en otra escenografía más adecuada a las nuevas tendencias de consumo.

Tipos de café

Según su lugar de cultivo, podemos dividir las principales variedades de café en seis:

- Cafés americanos
- Cafés árabes
- Cafés africanos
- Cafés asiáticos
- Café polinesio

Cafés americanos

De Brasil: suave y dulce, el más famoso es el de Santos.

De Colombia: fuerte y con un toque amargo, el más famoso es de la región de Medellín.

De Costa Rica: textura seca y sabor frutado, es muy famoso en Europa.

De Guatemala: sabor intenso.

De Jamaica: suave, muy aromático con un toque dulce. La variedad Montaña azul es la más cara del mundo.

De Nicaragua: cultivado a 1500 metros de altura sobre el nivel del mar, posee un sabor que recuerda al chocolate.

exprés tradicional). El resultado apenas ocupa el cuarto de un pocillo.

- **Café expreso largo:** se prepara con 40 mililitros de agua y 14 gramos de café, insumiendo un tiempo de entre 28 a 35 segundos.
- **Café expreso manchado o cortado:** es un expreso mezclado con 10 a 15 ml de leche caliente o fría, según el gusto del consumidor.

El café de filtro

La otra técnica famosa para preparar café, la manera más popular para hacerlo en casa. Consiste en poner café molido en un filtro (existe gran variedad de ellos, de tela, papel, etc.) que se apoya en la cafetera y se vierte agua bien caliente (no hervida) de a poco. El café así obtenido es muy sabroso pero no tiene ningún tipo de espuma. La ventaja es que se puede volver a calentar, lo que es imposible con el expreso.

El café a la turca

Se prepara en todo Medio Oriente en una típica cafetera de cobre de mango largo. Es indispensable que el café esté molido muy fino, parecido al azúcar impalpable. Y se bebe en tazas pequeñas, una vez que el café se ha depositado completamente en el fondo.

Se prepara llevando a ebullición agua (unos 50 ml por taza) a la que se le agregó azúcar a gusto. Una vez disuelta ésta, se retira del fuego y se añade una cucharadita de café por persona. Se vuelve a hervir, se retira y se hierve una última vez. Se vierte bien caliente en las tazas, sin filtrarlo.

El café soluble o instantáneo

Es un café de elaboración industrial, que se obtiene por liofilización (secado por pulverización) de los granos. Es por eso que puede ser rehidratado al añadírsele agua caliente. Tiene como ventaja la rapidez y comodidad de la preparación y mayor tiempo de conservación que un café envasado molido o en granos.

Breve diccionario del café

Aceite: elemento natural de café. Se desprende del grano una vez tostado. Es una garantía de su frescura.

Acidez: sabor básico de los frutos o granos que no están maduros.

Agua: casi el 98% de una taza de café es agua, es fundamental su calidad para la obtención de una buena infusión.

Arábica/arábiga: variedad de café muy popular que se produce en América Central y África.

Blue mountain/montaña azul: montaña ubicada en el este de la isla de Jamaica que le da el nombre a uno de los mejores y más caros cafés del mundo.

Brasil: el primer productor mundial de café. Son famosas sus variedades Santos, Minas Gerais, Riados y Espíritu Santo.

Cafeína: alcaloide que estimula el sistema nervioso de los seres humanos. Se encuentra en el café pero, también, en el té, la yerba mate y las bebidas colas.

Colombia: el segundo productor mundial de café. Son famosas y de gran calidad variedades como Excelso de Medellín, Armenia y Bucaramanga.

Costa Rica: importante productor de café. Sus variedades Strictly Hard Bean y Pacífico se recogen a mano y se secan al sol.

Descafeinado: café al que se le ha extraído la cafeína, muy popular en Estados Unidos y algunos países de Europa.

Etiopía: importante país productor de café, sus variedades más conocidas son Dijimnahm, Sidamo y el Moka, éste último de calidad excepcional.

Kenia: otro importante país africano productor de café.

Mezcla: variedad de café que combina uno molido o en grano tostado en forma natural con otro torrado.

Molinillo de café: electrodoméstico que muele en distintos grados los granos de café.

Natural: se refiere al tostado normal de los granos por aire caliente. Se obtienen cafés suaves.

Robusta: tipo de café de grano más pequeño que el arábigo que posee más cafeína que éste. Originario de Zaire, se cultiva en Brasil, África y Asia.

Tazas: las ideales para beber café son las de porcelana, loza o cerámica, ya que conservan más tiempo la temperatura.

Torrado/torrefacto: café que se obtiene tostando sus granos y añadiendo una cantidad de azúcar de hasta 15% como máximo en el proceso. Ésta se carameliza y se adhiere a los granos, dándoles un color más oscuro. Ideal para cafés fuertes.

Recetas

El café se utiliza en una casi infinita variedad de bebidas frías y calientes, postres y repostería en general. Aquí presentamos recetas de todo el mundo para prepararlas, adaptándolas para poder incluir ingredientes fáciles de conseguir. Se trata, en su gran mayoría, de elaboraciones muy simples y siempre deliciosas, más una exquisita torta de chocolate al café que vale la pena probar.

Café antillano

Ingredientes (para 4 personas)

4 cucharadas soperas de café molido.

4 cucharadas de ron.

Azúcar a gusto.

Canela en polvo, a gusto.

Preparación

1) Preparar cuatro cafés exprés.

2) Agregar a cada taza una pizca de canela.

3) Añadir el ron y azúcar a gusto.

4) Revolver y servir.

Si bien el café no es un cultivo característico de las Antillas, esta receta tiene ese nombre por la inclusión del ron, bebida emblemática de la zona.

Café caribeño

Ingredientes (para 4 personas)

½ l de café de filtro bien fuerte.

Ralladura de la cáscara de una naranja.

250 ml de ron blanco.

4 terrones de azúcar.

Una pizca de canela molida.

Una pizca de nuez moscada.

Crema chantilly y trozos de rama de canela, para decorar.

Preparación

1) Macerar en el ron la canela, la nuez moscada y la ralladura de naranja, por lo menos 1 hora.

2) Se vierte el café bien caliente y se endulza con los terrones, se le agrega el ron saborizado y se lo enciende para flambear. Cuando el azúcar se haya disuelto, se tapan las tazas para apagar el fuego,

3) Decorar con un copete de crema chantilly y los trozos de canela y servir de inmediato.

La ralladura de naranja y la nuez moscada aportan sabores originales a este café que recibe también su nombre por la inclusión del ron, la bebida emblemática del Caribe y las Antillas.

Café mallorquí

Ingredientes (para 2 personas)

2 cucharadas de café recién molido.

2 copitas de coñac o brandy.

2 cucharadas de azúcar.

2 clavos de olor.

1 rama de canela.

1 cucharadita de ralladura de cáscara de limón.

1 cucharadita de ralladura de cáscara de naranja.

Preparación

1) Hacer un café de filtro doble, bien cargado. Reservar.

2) Colocar en una cacerola de cobre (es lo ideal) el coñac o brandy, los clavos de olor y la rama de canela, las ralladuras de limón y naranja y el azúcar.

3) Calentar suavemente y, cuando se prenda el coñac, flambear por varios minutos. Apagar el fuego tapando la cacerola y retirando de la hornalla.

4) Calentar nuevamente el café y servirlo en dos tazas. Volcar encima la preparación de los puntos 2 y 3 y servir de inmediato.

Café caraqueño

Ingredientes (para 4 personas)

4 cucharadas de café recién molido.

1 cucharada de cacao amargo.

4 cucharaditas de melaza.

4 cucharadas de licor triple sec.

Preparación

1) Mezclar el café con el cacao.

2) Con la mezcla del punto anterior, preparar un café de filtro.

3) Colocar en cada taza una cucharadita de melaza y otra del licor. Mezclar.

4) Agregar el café bien caliente y servir de inmediato.

La combinación de café, triple sec y melaza da como resultado una bebida potente, ideal para tiempos fríos.

Café al caramelo

Ingredientes (para 4 personas)

4 cucharadas soperas de café molido.

4 cucharadas soperas de caramelo líquido.

4 cucharadas soperas de crema de leche.

Preparación

1) Preparar cuatro cafés de filtro dobles.

2) Agregar el caramelo líquido y mezclar.

3) Adornar con la crema de leche y servir.

El caramelo líquido se hace fácilmente derritiendo azúcar en una sartén antiadherente y agregando luego un poco de agua caliente fuera del fuego.

Café al coñac (Carajillo)

Ingredientes (para 4 personas)

4 cucharadas de café recién molido.

8 cucharadas de coñac.

4 terrones de azúcar.

Preparación

1) Agregar las cuatro cucharadas de coñac en cuatro tazas.

2) Colocar cada terrón de azúcar en una cucharita. Mojarlo en el coñac, retirar y prender fuego.

3) Introducir cada terrón encendido en las tazas con el coñac, para que éste se encienda. Dejar unos 2 o 3 minutos y luego tapar las tazas con su platos para apagar el fuego.

4) Preparar cuatro cafés exprés y volcarlos en las tazas, bien valiente. Servir de inmediato.

Típica infusión española, infaltable en los bares de ese país. Se bebe generalmente en horas de la tarde o después de cenar.

Café con whisky

Ingredientes (para 1 persona)

2 cucharadas de café recién molido.

1 copita de licor de café.

2 copitas de whisky.

Hielo a gusto.

Preparación

1) Hacer un café de filtro, bien cargado. Dejar enfriar por completo.

2) Colocar hielo en un vaso alto.

3) Agregar el licor de café, el whisky y completar con el café. Mezclar.

4) Servir con sorbete para beberlo.

No confundir esta receta con la de café irlandés, muy famosa. Se trata de una bebida fría, ideal para días calurosos. Un buen licor de café combina muy bien con el whisky y le da un toque especial.

Café con licor de naranja

Ingredientes (para 4 personas)

8 cucharadas de café recién molido.

4 copitas de licor de naranja (Grand Marnier o Cointreau).

Una pizca de canela.

4 cucharadas de avellanas ralladas.

50 ml de crema chantilly.

Hielo picado, a gusto.

Preparación

1) Mezclar en un bol las avellanas ralladas, la canela, el hielo y la crema chantilly. Llevar a la heladera por unas horas.

2) Hacer un café de filtro bien cargado. Dejar enfriar por completo.

3) Repartir la preparación del punto 1 en cuatro copas o vasos.

4) Completar con el café bien frío y el licor de naranja y servir de inmediato.

Café con jengibre

Ingredientes (para 1 persona)

2 cucharadas de café recién molido.

Una pizca de jengibre molido.

1 cucharadita de miel.

Crema chantilly, para decorar.

Preparación

1) Mezclar el café molido con el jengibre.

2) Hacer un café de filtro con la preparación del punto 1, añadiendo agua bien caliente.

3) Colocar la miel en una taza y agregar el café preparado.

4) Decorar con un poco de crema chantilly y servir de inmediato.

El jengibre molido aporta su gusto levemente picante y original a este café que sugerimos endulzar con miel, dejando de lado el azúcar.

Café imperial

Ingredientes (para 1 persona)

¼ de taza grande de café de filtro bien cargado.

¼ de taza de leche caliente.

1 cucharada de azúcar.

100 ml de coñac.

1 yema de huevo.

Preparación

1) Batir la yema, el coñac y el azúcar, hasta integrar bien.

2) Volcar en una taza de café con leche la preparación del punto 1.

3) Añadir el café y la leche bien calientes y servir de inmediato. Este es un típico café vienés.

Una receta de las mejores cafeterías de la ciudad de Viena. Su nombre evoca tiempos en que Austria había era el centro del Imperio Austrohúngaro.

Café con chocolate

Ingredientes (para 4 personas)

4 cucharadas soperas de café molido.

2 cucharaditas de cacao amargo.

Una pizca de canela.

Azúcar, a gusto.

Preparación

1) Mezclar el café y el cacao.

2) Con la mezcla del punto 1 hacer un café de filtro.

3) Antes de servir, endulzar a gusto y añadir una pizca de canela.

Original manera de prepara un café distinto de sabor suavemente chocolatado. Imprescindible utilizar un cacao amargo de buena calidad.

Café escocés

Ingredientes (para 4 personas)

4 cucharadas soperas de café molido.

8 cucharaditas de azúcar.

4 copitas de whisky.

Crema chantilly, para decorar.

Preparación

1) Preparar cuatro cafés exprés dobles.

2) Colocar en cuatro vasos el whisky y el azúcar.

3) Añadir el café bien caliente y mezclar.

4) Decorar con la crema chantilly y servir de inmediato.

En una receta de origen escocés no puede faltar un buen whisky. El sabor intenso del café exprés combina muy bien con él.

Café esmeralda

Ingredientes (para 2 personas)

4 cucharadas de café recién molido.

2 cucharadas de licor de café.

2 cucharadas de coñac.

2 cucharadas de licor de chocolate.

Una pizca de canela.

Crema chantilly y chocolate rallado, para decorar.

Preparación

1) Hacer dos cafés de filtro, bien cargados.

2) Mezclar en un vaso, previamente calentado, los licores y el coñac.

3) Agregar el café, decorar con crema chantilly, espolvorear con una pizca de canela y servir de inmediato.

La combinación de un buen licor de chocolate con otro de café y coñac, da como resultado una bebida intensa y de pronunciado sabor.

Café irlandés clásico

Ingredientes (para 1 persona)

2 cucharadas de café recién molido.

2 terrones de azúcar.

2 cucharadas de crema de leche a medio batir.

1 copita de whisky.

Preparación

1) Hacer un café exprés cargado.

2) Calentar un vaso y agregar el whisky y el azúcar.

3) Añadir el café bien caliente y mezclar.

4) Colocar la crema a medio batir encima, no revolver y servir de inmediato.

En la Argentina, una de las combinaciones con café más conocidas es el café irlandés. Para seguir la tradición, utilizar un buen whisky irlandés.

Café irlandés especial

Ingredientes (para 2 personas)

4 cucharadas de café recién molido.

Cáscara de 1 naranja.

Cáscara de 1 limón.

1 rama de canela.

2 cucharadas de azúcar.

6 clavos de olor.

80 ml de whisky irlandés

Preparación

1) Clavar en las cáscaras los clavos de olor.

2) Colocar en una sartén las cáscaras con los clavos, el azúcar y la canela. Calentar hasta que el azúcar se derrita.

3) Retirar la sartén, agregar el whisky, volver al fuego para encenderlo y flambear la preparación por unos minutos.

4) Hacer dos cafés de filtro bien cargados y añadirlos a la preparación del punto anterior.

5) Humedecer los bordes de dos vasos con jugo de limón, voltearlos y presionar sobre una capa de azúcar.

6) Verter el café bien caliente en los vasos y servir de inmediato.

Café diplomático

Ingredientes (para 1 persona)

2 cucharadas de café recién molido.

1/2 copita de licor de huevo.

1/2 copita de licor de coñac.

Crema chantilly y café soluble, para decorar.

Preparación

1) Hacer un café de filtro doble, bien cargado.

2) Colocar los licores en una taza, previamente calentada.

3) Añadir el café bien caliente.

4) Decorar con un copo de crema chantilly, espolvorear con café soluble y servir de inmediato.

Un receta europea de fines siglo XIX. Se la llamó "café diplomático" porque era una de las favoritas de las clases acomodadas a las que pertenecían muchos ministros que cumplían funciones en países extranjeros.

Café húngaro

Ingredientes (para 4 personas)

8 cucharadas de café recién molido.

250 ml de leche.

4 yemas de huevo.

8 cucharaditas de azúcar.

1 copita de licor de duraznos o damascos.

Crema de leche a medio batir, para decorar.

Preparación

1) Preparar un café de filtro bien cargado.

2) Batir las yemas de huevo con el licor y el azúcar, hasta integrar bien.

3) Agregar la leche, previamente calentada, a la preparación del punto anterior.

4) Colocar el café bien caliente en 4 vasos y añadir la mezcla de leche.

5) Incorporar encima la crema de leche a medio batir y servir de inmediato.

Budapest y Viena son ciudades donde abundan las cafeterías que preparan recetas originales. Este café húngaro es una de ellas.

Café tropical

Ingredientes (para 2 personas)

4 cucharadas de café recién molido.

1 taza de jugo de ananá.

Hielo picado, a gusto.

Preparación

1) Hacer dos cafés de filtro doble, bien cargados. Dejar enfriar a temperatura ambiente y llevar a la heladera por una horas.

2) Licuar o batir el café frío con el jugo de ananá.

3) Servir en dos copas o vasos, agregar hielo picado a gusto y servir de inmediato.

Una combinación que puede parecer insólita pero resulta deliciosa. Ideal para días calurosos.

Capuchino

Ingredientes (para 4 personas)

3 cucharadas soperas de café recién molido.

500 ml de leche.

4 cucharadas de chocolate rallado.

Una pizca de canela.

Azúcar a gusto.

Preparación

1) Preparar un café de filtro utilizando la leche bien caliente en vez de agua.

2) Servir el café con leche en cuatro tazas y agregar encima una pizca de canela y chocolate rallado.

En el mundo del café existen infinidad de recetas a las que se las llama "capuchino". De origen italiano, hasta en ese país cada región tiene una distinta.

Capuchino expresso

Ingredientes (para 1 persona)

1 cucharada de café recién molido.

60 ml de leche.

1 cucharada de cacao amargo.

Azúcar, a gusto.

Preparación

1) Hacer un café expresso bien cargado.

2) Calentar la leche hasta que espume.

3) Agregar la leche al café, espolvorear con el cacao amargo y servir de inmediato. Endulzar a gusto con el azúcar.

Una de las recetas más auténticas de capuchino, con tres ingredientes básicos: café, leche y chocolate. La decoración es a gusto del que lo prepara.

Café Royal

Ingredientes (para 2 personas)

4 cucharadas de café recién molido.

2 copitas de coñac o brandy.

2 cucharadas de azúcar.

Crema chantilly, para decorar.

Preparación

1) Hacer un café de filtro bien cargado y endulzar con las dos cucharadas de azúcar.

2) Colocar el café en una cacerolita al fuego. Retirar, agregar el coñac o brandy, volver al fuego para que éste encienda.

3) Flambear por unos minutos y tapar para apagar el fuego.

4) Servir en dos tazas y adornar con crema chantilly.

El origen del nombre de esta receta se debe a que fue creada en el Café Royal, una célebre cafetería de Londres.

Crema peruana al café

Ingredientes (para 4 personas)

50 g de granos de café.

500 ml de leche.

100 g de azúcar.

120 g de chocolate de repostería, cortado en trozos.

Unas gotas de esencia de vainilla.

2 yemas.

Crema chantilly, para decorar.

Para el caramelo:

100 g de azúcar.

120 ml de agua.

Preparación

1) Colocar en una cacerolita la leche, el azúcar, unas gotas de esencia de vainilla y los granos de café.

2) Cocinar unos 15 minutos con fuego bajo. Retirar, sacar los granos de café con ayuda de un colador y dejar enfriar a temperatura ambiente.

3) Para preparar el caramelo, calentar el azúcar en una sartén antiadherente hasta que se derrita y tome color oscuro. Agregar el agua, previamente calentada, y mezclar bien.

4) Retirar la sartén del fuego e incorporar el chocolate. Mezclar hasta integrar.

5) Unir las dos preparaciones, batir las dos yemas y añadirlas. Calentar todo por unos minutos, siempre revolviendo, hasta que espese.

6) Volcar en cuatro copas, dejar enfriar a temperatura ambiente y luego llevar a la heladera por unas horas.

7) Servir la crema bien fría, decorando con copos de crema chantilly.

Copa al café

Ingredientes (para 4 personas)

3 cucharadas de café recién molido.

2 cucharadas soperas de azúcar.

120 g de chocolate de repostería.

½ cucharadita de canela molida.

Una pizca de nuez moscada.

2 cucharadas soperas de agua.

750 ml de leche.

Crema chantilly, para decorar.

Ralladura de cáscara de naranja, para decorar

Preparación

1) En una cacerolita con fuego bajo, fundir el chocolate, agregando el café molido, el azúcar, la canela y el agua, sin dejar de revolver, hasta obtener una mezcla homogénea.

2) Añadir la leche a la preparación del punto anterior, siempre revolviendo con fuego bajo.

3) Batir la mezcla hasta obtener una consistencia espumosa.

4) Volcar en cuatro vasos o copas previamente calentados, decorar con copos de crema chantilly y ralladura de naranja, y servir de inmediato.

Café con leche de coco

Ingredientes (para 2 personas)

4 cucharadas de café recién molido

200 ml de leche de coco.

Azúcar, a gusto.

Crema chantilly, para decorar.

Preparación

1) Hacer dos cafés dobles de filtro, bien cargados.

2) Calentar la leche de coco y añadirla a los cafés.

3) Endulzar con azúcar a gusto, mezclar, decorar con un copo de crema chantilly y servir de inmediato.

La deliciosa leche de coco, tan popular en Brasil y tantos países latinoamericanos, le da un sabor especial a este original café con leche.

Café picante

Ingredientes (para 2 personas)

4 cucharadas de café recién molido.

Unas gotas de esencia de vainilla.

Una pizca de canela molida.

Azúcar, a gusto.

Pimienta de Cayena, para espolvorear.

Preparación

1) Hacer dos cafés exprés dobles, bien cargados.

2) Añadir una pizca de canela molida y una gotas de esencia de vainilla en cada uno.

3) Endulzar con azúcar, espolvorear con pimienta de Cayena y servir de inmediato.

A no asustarse, el sabor de la picante pimienta de Cayena combina muy bien y da carácter a esta novedosa receta de café.

Café con licor de menta

Ingredientes (para 2 personas)

4 cucharadas de café recién molido.

2 cucharadas de salsa de chocolate.

1 copita de licor de menta.

Azúcar, a gusto.

Chocolate rallado, para decorar.

Preparación

1) Hacer dos cafés dobles de filtro, bien cargados.

2) Agregar la salsa de chocolate, el licor de menta y endulzar con azúcar a gusto.

3) Decorar con chocolate rallado y servir de inmediato.

Deliciosa combinación, el café y la menta dan como resultado una bebida de fuerte aroma y personalidad. La salsa de chocolate aporta un toque original.

Café con leche condensada

Ingredientes (para 2 personas)

4 cucharadas de café recién molido.

4 cucharadas de leche condensada.

Crema chantilly, para decorar.

Cacao amargo, para espolvorear.

Preparación

1) Hacer dos cafés dobles de filtro, bien cargados.

2) Agregar la leche condensada y mezclar.

3) Decorar con copos de crema chantilly, espolvorear con cacao amargo y servir de inmediato.

La deliciosa leche condensada aporta untuosidad y dulzura a esta receta. Sólo para golosos.

Café calipso

Ingredientes (para 2 personas)

4 cucharadas de café recién molido.

2 copitas de licor Tía María.

Azúcar negro, a gusto.

Crema chantilly, para decorar.

Preparación

1) Hacer dos cafés dobles de filtro, bien cargados.

2) Calentar dos vasos, agregar el Tía María y el azúcar negro, y mezclar bien.

3) Volcar el café bien caliente en los vasos, decorar con crema chantilly, y servir de inmediato.

El Tía María es unos de los más famosos licores de café y el ingrediente indispensable de esta receta a la que el azúcar negro aporta su peculiar sabor.

Helado de crema de café

Ingredientes (para 4 personas)
6 cucharaditas de café soluble.

200 ml de agua.

4 cucharaditas de leche en polvo.

50 g de azúcar.

400 g de helado de vainilla.

300 ml de crema de leche.

Preparación

1) Calentar el agua hasta que hierva. Agregar el café, el azúcar y la leche y mezclar hasta que todo esté bien integrado. Dejar enfriar a temperatura ambiente y llevar a la heladera por 4 o 5 horas.

2) Colocar el helado de vainilla en un bol (no debe estar congelado) y mezclarlo con la preparación del punto anterior.

3) Añadir la crema, volver a mezclar y llegar al freezer por unos 15 minutos antes de servir.

Vale la pena probar este exquisito helado, muy popular en Estados Unidos y varios países europeos.

Mazagrán

Ingredientes (para 1 persona)

4 cucharadas de café recién molido.

1 copita de licor de marraschino.

Azúcar, a gusto.

1 cubito de hielo.

Preparación

1) Hacer un café doble de filtro bien cargado, Dejar enfriar por completo y llevar a la heladera por unas horas.

2) Servir el café frío en un vaso, agregar el azúcar y el licor y mezclar.

3) Añadir el hielo y servir de inmediato.

El café frío más famoso. También se le pueden agregar unas gotas de limón y decorar con una rodaja de ese cítrico.

Licuado con café

Ingredientes (para 4 personas)

1 l de leche.

Unas gotas de esencia de vainilla.

4 cucharadas de café soluble.

3 copitas de licor de naranja (Cointreau, Grand Marnier o similar).

100 g de azúcar.

4 cubitos de hielo.

Preparación

1) Calentar la leche hasta que hierva, retirar del fuego y agregar el azúcar. Revolver bien.

2) Dejar enfriar a temperatura ambiente y luego llevar a la heladera por unas horas.

3) Colocar en el vaso de la licuadora la leche bien fría, el licor de naranja y el hielo. Licuar hasta obtener una preparación bien integrada y espumosa.

4) Verter el licuado en cuatro vasos altos, agregar encima de cada uno una cuchara de café soluble y servir de inmediato.

Este exquisito licuado se potencia con el agregado del café soluble que se le espolvorea encima y le da un sabor inigualable.

Licuado de banana al café

Ingredientes (para 4 personas)

4 cucharadas soperas de café recién molido.

2 bananas maduras.

500 ml de leche.

Azúcar, a gusto.

Canela molida y coco rallado, a gusto.

Preparación

1) Preparar cuatro cafés de filtro. Dejar enfriar.

2) Licuar la leche con las bananas y azúcar a gusto.

3) Colocar en cuatro vasos altos el café frío.

4) Completar con el licuado de leche y banana.

5) Espolvorear con canela y coco rallado y servir de inmediato.

¿Qué puede decirse del licuado de banana con leche?, es el más popular en nuestro país. La inclusión del café y el coco rallado es una deliciosa variante a la receta tradicional.

Helado de café

Ingredientes (para 4 personas)

750 ml de leche.

4 cucharaditas de café soluble.

9 yemas.

250 g de azúcar.

Unas gotas de esencia de vainilla.

Preparación

1) Calentar la leche, a la que se le habrá agregado la esencia de vainilla, hasta que hierva. Retirar y reservar.

2) Batir las yemas con el azúcar y el café soluble hasta integrar bien.

3) Añadir a la preparación del punto anterior la leche y volver a batir hasta lograr una mezcla homogénea.

4) Volcar en una cacerola y llevar a un fuego bajo, revolviendo con una cuchara de madera hasta que espese. Se debe lograr la consistencia de una crema. Retirar y dejar enfriar por completo.

5) Colocar la mezcla en un molde, tapar con papel de aluminio y llevar al freezer por 30 minutos.

6) Retirar, mezclar bien (eso se hace para que el helado no se cristalice) y volver a llevar al freezer por otros 30 minutos. Repetir esta operación dos veces más, para obtener una buena crema helada.

Sambayón al café

Ingredientes (para 4 personas)

4 yemas de huevo.

2 cucharadas de café recién molido.

1 copita de licor de café.

2 cucharadas de azúcar.

Una pizca de nuez moscada.

1 cucharadita de ralladura de limón.

Cacao amargo y crema chantilly, para decorar.

Preparación

1) Hacer un café doble de filtro bien cargado. Reservar.

2) Batir las yemas con el azúcar hasta integrar bien.

3) Colocar la preparación del punto 1 en un bol de acero inoxidable y llevar al fuego (bajo) a baño María.

4) Siempre revolviendo, añadir el café, el licor, la ralladura de limón y la pizca de nuez moscada. Debe obtenerse una mezcla homogénea.

5) Retirar del fuego y batir bien (a mano o con una batidora) hasta lograr una consistencia bien cremosa.

6) Servir tibio en cuatro copas, decorando con cacao amargo en polvo y crema chantilly.

Crepes rellenos con crema al café

Ingredientes (para 4 personas)

4 cucharadas de café soluble.

200 g de harina.

250 ml de crema chantilly.

50 g de azúcar.

4 huevos.

1 copita de ron blanco.

Manteca, cantidad necesaria para lubrica la panquequera.

Preparación

1) Mezclar en un bol hasta integrar bien la harina, el café, los huevos, la leche, el ron y el azúcar. Debe quedar una preparación lisa y sin grumos.

2) Derretir un poco de manteca en una panquequera o sartén antiadherente.

3) Volcar tres cucharadas de la preparación del punto 1 y mover la sartén para que cubra bien toda la base. Cocinar 1 minuto aproximadamente, hasta que los bordes comiencen a levantarse.

4) Dar vuelta el crepe y cocinar otro minuto aproximadamente. Retirar e ir colocando en una fuente previamente calentada.

5) Mezclar el café soluble con la crema chantilly y rellenar los crepes. Servir de inmediato.

Torta de chocolate al café

Ingredientes

Para el bizcochuelo:

6 claras.

6 yemas.

130 g de azúcar.

100 g de harina 000.

80 g de chocolate para taza, rallado.

1 taza de café de filtro, bien cargado.

Para el relleno:

100 g de chocolate para taza, rallado.

500 g de dulce de leche repostero.

50 ml de leche caliente.

70 g de manteca punto pomada.

Para la cubierta:

100 g de chocolate para taza, rallado.

1 cucharada de té de manteca.

100 g de nueces peladas y cortadas al medio.

Preparación

1) Colocar en un bol las claras y el azúcar y batir a punto nieve. Agregar las yemas batidas previamente, el chocolate rallado y la harina. Mezclar con movimientos suaves y envolventes hasta integrar bien todo.

2) Colocar en la base de un molde redondo un círculo de papel manteca, y enmantecar sus paredes.

3) Volcar la mezcla preparada en el molde y cocinar en un horno con fuego mediano por 45 minutos, aproximadamente. Introducir un palillo en la masa y, si sale seco, el bizcochuelo estará bien cocido. Desmoldar sobre una rejilla y dejar enfriar a temperatura ambiente. Luego cortar el bizcochuelo en tres partes en sentido horizontal.

4) Forrar el mismo molde ya frío con papel film.

5) Colocar en un bol el chocolate rallado y la leche caliente. Mezclar hasta integrar bien. Si fuera necesario, calentar unos segundos la mezcla para que el chocolate se funda completamente.

6) Mezclar el dulce de leche con el chocolate fundido. Agregar la manteca y seguir mezclando hasta obtener una crema pareja. Llevar a la heladera por 1/2 hora.

7) Colocar uno de los discos de bizcochuelo en el molde y humedecerlo con el café. Untar con la mitad de la crema de chocolate y tapar con otro disco. Volver a humedecer con café y untar con el resto de la crema. Finalizar con el último disco también humedecido con café y tapar con papel film. Llevar a la heladera por 2 horas.

8) Derretir a baño María el chocolate rallado y agregarle la manteca, mezclando hasta integrar bien.

9) Retirar la torta de la heladera, colocarla sobre una rejilla y volcar el chocolate derretido en el centro. Con una espátula emprolijar y distribuirlo también sobre los bordes. Agregar las nueces en forma decorativa y dejar enfriar a temperatura ambiente. Llevar a la heladera por 1 hora, por lo menos, antes de servir.

Arroz con leche y café

Ingredientes (para 4 personas)

4 cucharadas de café recién molido.

200 g de arroz.

500 ml de leche.

1 rama de canela.

1 cucharadita de almidón de maíz.

3 cucharadas soperas de azúcar.

Crema chantilly, para decorar.

Preparación

1) Colocar el arroz, el azúcar, la canela y la leche en una cacerola. Llevar al fuego y cuando hierva, bajar a mínimo y cocinar 18 minutos.

2) Agregar el almidón de maíz y cocinar dos minutos más. Retirar y dejar enfriar a temperatura ambiente.

3) Hacer un café de filtro doble bien cargado. Dejar enfriar por completo.

4) Añadir el café frío al arroz con leche y llevar a la heladera por 4 o 5 horas. Servir bien frío en cuatro copas o compoteras, decorando con un poco de crema chantilly.

Esta es una receta originaria de la India, cuyos principales cultivos son el arroz y la caña de azúcar. El café aporta su sabor a un postre único.

Postre de queso crema y café

Ingredientes (para 4 personas)

2 cucharadas de café soluble.

250 g de queso crema.

2 cucharadas de leche.

2 cucharadas soperas de azúcar.

50 g de crema chantilly.

Granos de café recubiertos de chocolate, para decorar.

Preparación

1) Licuar o batir el queso crema con la leche, el azúcar y el café, hasta obtener una preparación lisa y bien integrada.

2) Agregar a la preparación del punto anterior la crema chantilly y mezclar con movimientos envolventes.

3) Volcar la mezcla en cuatro copas y llevar a la heladera por 3 o 4 horas.

4) Servir bien frío, decorando con granos de café recubiertos de chocolate.

Un postre de muy fácil preparación. Los granos de café recubiertos de chocolate son una delicia dulce y una sutil decoración.

Merengues al café

Ingredientes (para 4 personas)

4 claras de huevo.

120 g de azúcar.

140 g de azúcar impalpable.

Cacao amargo, para espolvorear.

Granos de café recubiertos de chocolate, para decorar.

Para la crema al café:

100 ml de crema de leche.

5 cucharaditas de café soluble.

30 g de azúcar.

Preparación

1) Batir las claras a punto nieve agregando el azúcar común y el azúcar impalpable. Colocar en una manga de repostería.

2) Forrar una placa para horno con papel manteca o utilizar una de siliconas. Dibujar cuatro círculos de 8 a 10 cm y llenarlos con la preparación del punto anterior, formando merengues redondos, partiendo del centro de cada círculo.

3) Cubrir los merengues con papel manteca y cocinar en un horno a 120° por unos diez minutos. Bajar a 90° y continuar la cocción hasta que tomen un color levemente amarillento.

4) Retirar del horno y quitar el papel que los cubre en caliente, desprendiéndolos también del otro papel manteca donde se apoyaban. Dejar enfriar a temperatura ambiente.

5) Batir la crema con el azúcar y el café soluble hasta integrar bien y que se espese.

6) Servir los merengues en una fuente, espolvorearlos con el cacao amargo y colocar la crema de café en el centro, decorando con los granos de café recubiertos de chocolate.

Espuma de café

Ingredientes (para 4 personas)

4 cucharadas de café recién molido.

150 g de azúcar.

4 huevos, las yemas y las claras separadas.

Café soluble, para espolvorear.

Preparación

1) Mezclar las yemas con el azúcar hasta integrar bien. Debe obtenerse una preparación homogénea.

2) Hacer un café de filtro doble bien cargado y volcarlo, poco a poco, a la preparación del punto anterior, siempre revolviendo.

3) Llevar la mezcla a una cacerolita y calentar siempre a fuego mínimo y revolviendo, hasta que espese. Retirar y dejar enfriar completamente.

4) Batir las claras a punto nieve con una pizca de sal. Añadirlas a la mezcla con movimientos envolventes, hasta lograr una consistencia espumosa y ligera.

5) Servir en cuatro copas, espolvorear con un poco de café soluble y servir de inmediato.

Sorbete al café

Ingredientes (para 2 personas)

3 cucharadas de café soluble.

150 g de azúcar.

500 ml de leche.

2 claras de huevo.

Preparación

1) Colocar la leche, el azúcar y el café en una cacerola. Calentar sin que hierva. Retirar y dejar enfriar.

2) Llevar al freezer por 6 o 7 horas.

3) Batir las claras a punto nieve con una pizca de sal,

4) Retirar del freezer la preparación del punto 1. Con batidora unirla con las claras batidas a nieve y volver a llevar al freezer por 1 hora.

5) Servir en copas o vasos.

Un helado refrescante, cremoso y de delicado sabor. Ideal para terminar una cena o un almuerzo de verano.

Glosario de ingredientes

Los ingredientes de las recetas de este libro reciben nombres distintos en el mundo de habla hispana. Cada país tiene sus denominaciones propias y generalmente ignora las del resto de América y España. En este libro se han utilizado las denominaciones propias de Argentina pero, para que el lector latinoamericano no tenga dificultades de comprensión, incluimos el siguiente glosario.

Almidón de maíz: fécula de maíz, maicena.

Azúcar impalpable: azúcar glass, azúcar nevada.

Cacao amargo: polvo industrial derivado del cacao.

Cafetera expresso o exprés: tipo de cafetera para preparar café exprés. El café se deposita en un filtro y es traspasado por el agua y el vapor, obteniéndose así una bebida única.

Caramelo: salsa caramelo, caramelo líquido. Se obtiene derritiendo azúcar hasta que se derrita completamente y tome un color dorado.

Clavo de olor: clavo. Especia de fuerte sabor.

Crema chantilly: crema de leche que se bate con azúcar hasta que espese. Debe tener una consistencia bastante firme.

Crema de leche: nata líquida.

Damasco: albaricoque, chabacano.

Durazno: melocotón.

Dulce de leche: manjar blanco, dulce de cajeta.

Esencia de vainilla: extracto de vainilla

Jengibre: kión.

Licor triple sec: denominación general para los licores de naranja transparentes.

Manteca: mantequilla.

Melaza: melaza de caña de azúcar. Endulzante natural. Es el jugo de la caña de azúcar que se cocina para que se evapore el agua. Tiene una consistencia similar a la de la miel de abeja y un color más oscuro que ésta.

Índice